Masters Series de Cuba:
Piano

Por Emilio Morales y Jon Griffin
Parte de la serie Masters cubano

salsablanca.com

© 2014 - 2019 Jon Griffin
Hecho en los EE.UU.
Derechos Reservados
ISBN: 978-0-9857549-8-3
Library of Congress Control Number: 2019932780

Agradecimientos

Muchas gracias a todos los que ayudaron en este proyecto, especialmente a Jiovanni (Giovanni) Cofiño, porque sin su ayuda, este proyecto jamás hubiera sido completo.

Gracias a mi padre, Jon Griffin para sus habilidades con la cámara y para ser mi observador adicional en Cuba.

Gracias a Emilio Morales por dedicar su tiempo al mejoramiento de este libro y entrevista.

A mi familia, en Cuba, gracias por aguantar con mi horario errático durante los tres días que estábamos filmando.

Gracias Helen y Luisa, por aguantar mi puerta cerrada mientras estaba trabajando en este gran proyecto!

Para el señor Twister, algún día, esto significa algo para ti, pero de momento, sigue siendo un niño de dos años.

Gracias a Robert Fernández, por su apoyo y ánimo y a Ed Lozano por el asesoramiento sobre cuestiones técnicas u no técnicas.

Gracias a Olavo Alén Rodríguez por su ayuda en Cuba durante muchos años y a Julián Fernández por su tutoría hace tantos años.

Jon Griffin

Tabla de contenidos

Página de inicio

Agradecimientos

Chapter 1. Introducción 1
Por favor ten en cuenta 1
Comprender el montuno 1
Montuno frente al son montuno 1
Historia del piano montuno 1

Chapter 2. Son Montuno 3
Patrón Montuno estándar 3
Variaciones Montuno 5

Chapter 3. Cha-cha-chá 7
Importancia de Bajo y Piano 8
Importancia de una voz principal armónica 8
Ejemplo de Ensemble 12

Chapter 4. Danzón 13
La importancia de clave 13
La forma Danzón 15
Montuno Danzón 18

Chapter 5. Bolero 21

Chapter 6. Mambo 29
La parte del bajo 29
Clave 30
Patrones Mambo 30
Ejemplo de conjunto 32

Chapter 7. Timba..35
    Ejemplo de Ensemble 40

Chapter 8. Changüi 43

Chapter 9. Recursos 45
    Con Sabor Al Guaso - Ban Rarra......................... 45
    Fundamentos de la percusión manual cubano 45
    Variedades Musicales de Cuba........................... 45
    Ensembles 46
    Websites.. 46
    Ejemplos Audio y partes imprimibless 46
    La lista de correo 46

Introducción

Por favor ten en cuenta

Comprender el montuno

Muchas personas asocian el piano "montuno" con el son-montuno Cubano. Aunque sin duda hay elementos de montunos tradicionales en las partes de piano, las partes son en general variaciones de los montunos tocados por el tres Cubano. Estas partes se han modificado con el tiempo, e incluso han dado lugar a otros géneros dentro del son Cubano, como la timba.

Los pianistas proceden en general de ciertos fondos musicales en contraste con los que tocan el tres que generalmente eran autodidactas y aprendían por tradición. Debido a esto, los montunos interpretados por los pianistas son diferentes.

Montuno frente a son-montuno

Es importante entender la diferencia entre un montuno y el estilo musical son-montuno. Es una de esas palabras que puedan inducir a confusión, así que voy a tratar de dar una respuesta corta y concisa.

Básicamente, un montuno es una sección que se toca después del verso. La sección de montuno se podría llamar reiteración o coro, pero a diferencia de la música occidental moderna, que suele ser el verso, coro, verso, coro, el montuno se añade a continuación del verso o del son, y el verso nunca se repite (excepto quizá de la idea del verso expresado por la improvisación vocal).

El son-montuno, por otro lado, es un género de música que comenzó como son antes del changüí y nengon. Más tarde los músicos añadieron una sección llamada el montuno.

La historia del piano montuno

Muchos etnomusicólogos Cubanos delinean el montuno del piano a finales del siglo XVIII cuando aparecieron el danzón y su adición posterior de una parte se encuentran en las variaciones ulteriores. Los músicos (muchos negros), empezarían a añadir una parte montuna basándose en lo que escucharían en sus barrios y la vida cotidiana. Estos músicos estaban tocando generalmente para las funciones de la sociedad a pesar de que aún vivían en la miseria y en las afueras de las ciudades.

El incremento del mambo y del cha-cha-chá influencio aún más la forma en que los montunos se tocaban en el piano, así como en la música Cubana popular ulterior. Como ocurre con la mayoría de los intentos de clasificar la música, no existe una clasificación exacta. Algunas canciones han sido clasificadas como son-bolero o son-montuno-cha, o incluso danzón-cha. La idea es no quedar atrapado en la terminología, que llegará con el tiempo (así como la clave).

Son Montuno

2

Si has visto los conjuntos que los maestros tocan (ya sea en YouTube o en la versión en DVD de este método), vas a ver que las canciones que tienen una parte de piano no son tradicionales del son-montuno, por lo menos en la forma en que un músico de tres en la década de 1920 tocaría el montuno.

Hay una fuerte presencia del son montuno en todos los conjuntos, al igual que en casi toda la música Cubana moderna. Como se comentó en el capítulo anterior, la música Cubana moderna es una mezcla de todo lo que fue antes, y como se verá más adelante en este método, incluso incorpora influencias musicales de la música fuera de las islas. La influencia principal, aparte de África, es la canción y el jazz americano.

El patrón Montuno estándar

Libros enteros podrían escribirse sobre montunos y deberías escuchar a muchos pianistas diferentes para hacerte una idea de otras formas de tocar montunos.

El siguiente ejemplo es un montuno de piano estándar tocado en los estilos de son y son montuno.

Ejemplo 2-1 Patrón básico de son montuno

El coro de esta famosa canción (que en realidad es un son, no es un son montuno en un principio), junto con la melodía y los acordes es la siguiente:

Ejemplo 2-2 Armonía Montuno Basic

Comenzamos este tumbao en los acordes tónico, subdominante y dominantes (I, IV, V). La relación entre el piano, el bajo y la percusión es muy importante, ya que la sección rítmica está acompañando a todo lo demás.

Lo primero que el pianista tiene que hacer es escuchar lo que el bajo está haciendo, por ejemplo.

Ejemplo 2-3 Son bass tumbao

Esta parte puede variar, pero es el patrón básico para el bajo y aquí es como el piano y el bajo aparecen juntos.

Ejemplo 2-4 Son piano montuno with bass tumbao

Variaciones del Montuno

Este montuno tiene algunas variaciones, por ejemplo, éste es un poco más moderno y tiene un poco más de movimiento y más acordes de paso.

Ejemplo 2-5 Variación del patrón son montuno

Aquí hay otra variación con la parte del bajo. Todos estos montunos tienen muchas variaciones, sólo recuerda que debes mantenerte en el lado derecho de la clave (sobre esto más adelante, si no está familiarizado con clave). Las cosas más importantes a tener en cuenta al crear un montuno son las posibilidades rítmicas y melódicas. Estas variaciones, por supuesto, dependerán de tu desarrollo técnico y musical.

Por otro lado, es necesario pensar y escuchar de manera colectiva cuando se actúa en un grupo. El bajista tiene que escuchar al piano; el piano necesita escuchar el bajo, el piano y el bajo necesitan escuchar a la percusión. Es una colaboración de los elementos que tienen que estar muy juntos, muy sólidos.

Ejemplo 2-6 Variación son montuno 2 con una parte bajo

Cha-cha-chá

3

Cha-cha-chá forma parte de la familia Danzón y probablemente uno de los estilos más reconocibles de la música que origina de Cuba. Es uno de los tres estilos nacidos fuera del danzón que incluyen una parte vocal. A Enrique Jorrín se le atribuye la creación del estilo en la década de los 1940 y su canción 'Silver star' es considerada la canción de transición que conecta el anterior danzón con lo que se convertiría en el cha-cha-chá.

Olavo Alén Rodríguez también habla de esto en su libro "De lo AfroCubano a la Salsa" (Artex, La Habana). He aquí un extracto de lo que nos cuenta sobre esta variedad (1994:87-8).

"... el cha-cha-chá parece ser una variante del danzón. El primero mantiene una estructura muy similar a la del danzón, ya que, a pesar de prescindir de la forma Rondo [del danzón], lo hace solamente por una transformación interna de los elementos melódicos y rítmicos utilizados en la composición de cada uno de sus secciones. También, en el cha-cha-chá, la función interpretativa de la flauta se conserva. Es decir, su papel como solista y las características de sus formas de improvisación en el danzón reaparecen en el cha-cha-chá, casi sin ninguna alteración.

Otra cosa importante que el cha-cha-chá debe al danzón es la asignación de timbres en su instrumentación. Las melodías de los violines se alternan con las de la flauta y las de las voces de la manera en que se había estandarizado en el danzón y el danzonete.

El principal elemento que diferencia el cha-cha-chá del danzón es la célula rítmica que da nombre al género. Cha-cha-chá es una representación onomatopéyica de dos rápidos golpes seguidos de uno más largo (dos octavas seguidas de una cuarta). También es significativo que el cha-cha-chá abandona los elementos del son que se habían incorporado en el danzonete y vuelve a la utilización estricta de los elementos del estilo musical que surgió y se desarrolló en el contexto de la familia danzón de los géneros musicales."

Este es un ejemplo de un famoso cha-cha-chá Cubano escrito por el difunto Richard Egües, cuyo estribillo va así.

Ejemplo 3-1 Melodía de El Bodeguero

La importancia del contrabajo y del piano

Aquí hay un ejemplo típico de lo que el bajo tocaría en esta melodía.

Ejemplo 3-2 Patrón típico cha-cha-chá guitarra bajo

Este ejemplo muestra lo que el piano y el bajo pueden reproducir en esta melodía. Observe que el piano está representando un tipo de contrapunto a la línea del bajo. Este es un ejemplo de la fusión de la música genuina y la música popular cubana.

Ejemplo 3-3 Cha-cha-chá con una parte de bajo

La importancia de la voz armónica principal

La primera cosa que un pianista tiene que hacer con el fin de crear un montuno (ya sea un cha-cha-chá, un son, una guaracha, o cualquier estilo de música cubana) es tener una idea clara de las progresiones armónicas que utilizará.

También es importante entender que 'clave' es simplemente una guía de significado de las palabras, y que no debe confundirse con un cierto género musical cubano. Cada canción tiene clave, incluso las canciones pop estadounidenses, pero en la música cubana es importante entender lo que el patrón exacto clave es para cada estilo.

Si la armonía fuera así: Amin7, D7, GMaj7 y Emin7, tienes que encontrar una manera, un vínculo armónico que uniría a todos.

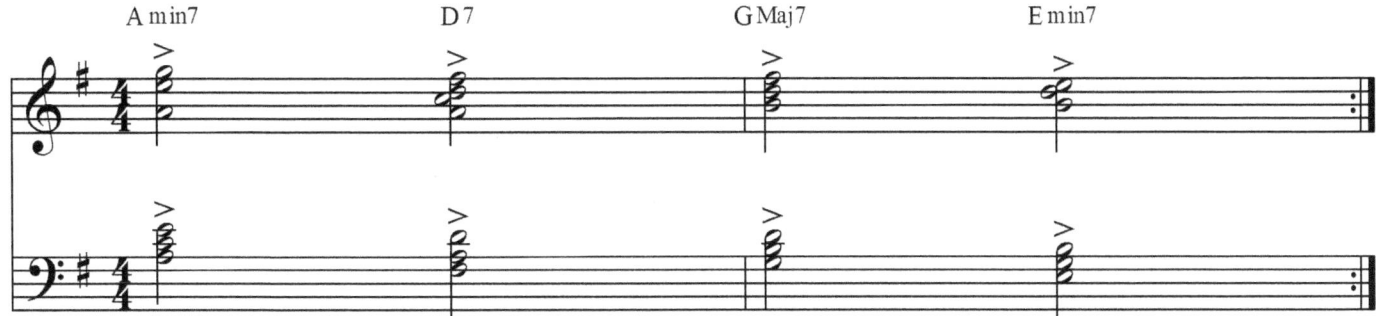

Ejemplo 3-4 Progresión armónica

La progresión no debe sonar dispersa como en este ejemplo, que no tiene una buena voz principal.

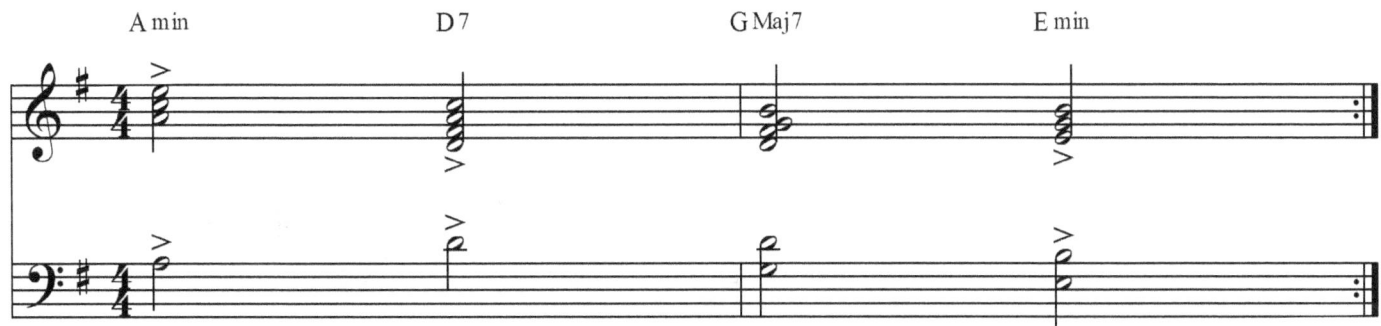

Ejemplo 3-5 Progresión armónica sin voz principal

Una manera de tener la cohesión es mediante el uso de tonos comunes. Los onos más comunes son las notas que se comparten en todos los cuatro acordes. He aquí un ejemplo de una buena voz principal.

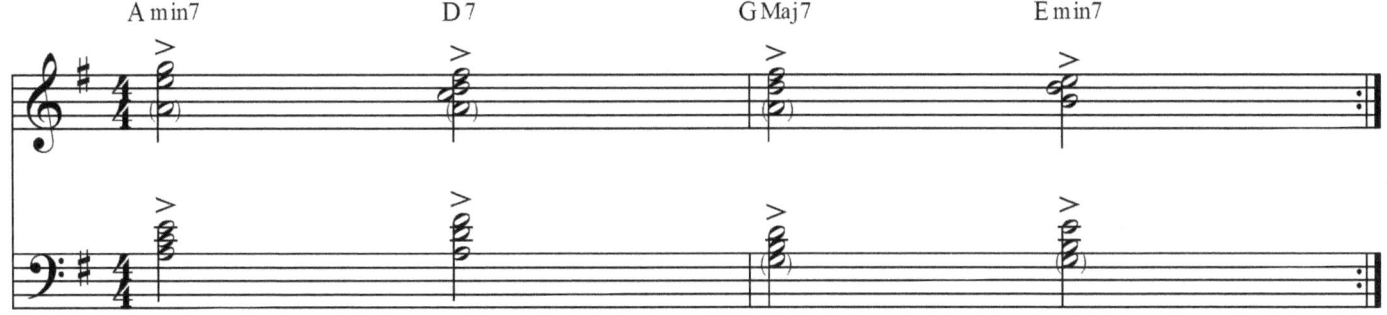

Ejemplo 3-6 Progresión armónica con una buena voz principal

Una vez que hemos establecido estos vínculos, podemos tocar la célula rítmica del cha-cha-chá, que es: la mano derecha sobre el compás y la mano izquierda fuera del compás. Toca la misma armonía con las dos manos.

Ejemplo 3-7 Cha-cha-chá ritmo básico 1

Aquí está una variación del patrón anterior.

Ejemplo 3-8 Cha-cha-chá ritmo básico 2

Las cosas más importantes a tener en cuenta son las progresiones armónicas y las células rítmicas básicas del cha-cha-chá. Es decir, la mano derecha sobre el compás, la izquierda reproduce el 'off beat'.

Las cosas más importantes a tener en cuenta son las progresiones armónicas y las células rítmicas básicas del cha-cha-chá. Es decir, la mano derecha sobre el compás, la izquierda reproduce el 'off beat'.

Al igual que en la mayor parte de la música cubana, existen variaciones dependiendo de cómo se representa la canción o de como los otros músicos están tocando. Lo más importante que hay que recordar es que este estilo se define por una llamada y respuesta entre las manos izquierda y derecha. La mano izquierda siempre juega en los 'off beats', pero la mano derecha puede completar con notas de paso o tonos de acordes y así generar patrones más intrincados. Algunos pianistas incluso añaden fragmentos melódicos a la mano derecha para reforzar la melodía.

Hay dos tipos básicos de cha-cha-chá montunos que el pianista puede utilizar a su propio gusto. He aquí un ejemplo del segundo, el patrón más difícil del cha-cha-chá, que también es muy representativo, con el patrón más simple, añadido para que veas cómo quedan entre sí. Recuerda, la parte del bajo en el cha-cha-chá es siempre constante por lo que es fácil saber a qué juegas en contra.

Ejemplo 3-9 Ejemplo rítmico Cha-cha-chá

Ejemplo de Conjuntos

En los conjuntos (ya sea en YouTube o en el DVD complementario, había una canción titulada La Meneito. Esto fue escrito por el difunto, gran flautista Richard Egües (que también era un pianista brillante).

Así es como el coro de ese conjunto suena cuando se reproduce en el estilo tradicional, junto con la melodía.

Ejemplo 3-10 Coro La Meneíto

La forma en que se jugó en el conjunto añade un ritmo más interesante, pero fíjate como la mano izquierda sigue reproduciendo el mismo patrón como antes. Solamente la mano derecha está adornando el patrón.

Ejemplo 3-11 La Meneito montuno

Danzón

El danzón es un estilo que fue fuertemente influenciado por la inmigración de los haitianos y franceses a finales del siglo XVIII. Esta afluencia de inmigrantes se produjo después de la Revolución Haitiana y también coincidió con los inicios de ciertas ideas musicales definidas Cubanas.

El danzón fue influenciado por la contradanza francesa y primero se manifiesta en Cuba como contradanza. Entre las diferencias está la introducción de la percusión Cubana y el formato de conjunto de violín, flauta y piano.

Este formato de conjunto surgió en dos grupos distintos: la típica charanga y la típica orquesta Cubana.

La típica charanga utiliza una flauta de cinco válvulas, dos violines, piano, contrabajo, timbales (pailas) y un güiro (calabaza). La orquesta típica Cubana consistía de dos violines, dos clarinetes, contrabajo, trompeta, trombón, oficleido, timbales (pailas) y un güiro (calabaza).

Sólo la típica charanga sobrevivió y cuando la orquesta típica Cubana dejó de existir, el nombre genérico de la charanga, así como la orquesta típica Cubana se está aplicando a la original charanga típica.

Hay otros géneros de la familia del danzón. Estos incluyen: danza Cubana, y el danzón, que fue también el baile nacional de Cuba en el siglo pasado. Durante las últimas fases evolutivas de danzón, se añadió una sección vocal al género. Los estilos que contienen una parte vocal son el danzonete y el cha -cha- chá.

Importance of clave

Uno de los conjuntos que está disponible en YouTube (o la versión en DVD de esta serie era un danzón llamado Las Alturas de Simpson. La principal característica del estilo danzón es el ritmo de la clave, que es diferente a la clave de Son o clave de Rumba, y se parece a esto:

Ejemplo 4-1 Patrón Clave de danzón

El primer requisito para todos los músicos con el fin de ser capaz de realizar cualquier estilo de música Cubana es tener un buen sentido de la clave, para adquirir una sensación interna de clave. Cada músico debe tener una sensación orgánica de clave en su corazón y su mente cuando se realiza. Esto es independientemente de si la percusión está tocando la clave o no.

Si la clave para un estilo en particular no se siente en su interior, será imposible acercarse a cualquier estilo de la música Cubana.

Tanto el estilo danzón como el cha - cha - chá comparten una clave muy fácil. En el cha -cha- chá, la clave sería mucho más estable y tener este aspecto.

Ejemplo 4-2 Patrón Clave de cha -cha- chá

Son, tiene dos tipos de clave, la clave son tradicional y el guaguancó o la rumba clave. A pesar del nombre, la clave de rumba se utiliza en el son, así, son especialmente modernas y sus variantes como la timba. Es muy importante tener estos patrones Clave en mente y también reproducirlos correctamente. También debe comprender que los patrones se pueden reproducir a la inversa. La melodía realmente determina la dirección de la clave, y en algunos estilos modernos, existen dos tipos de clave de Son (rumba y el son) en la misma canción.

Por lo general una vez la canción comienza la dirección clave sigue siendo la misma (se le puede llamar 03:02 o 02:03 dependiendo de qué lado se inicia el primer compás de la canción) a lo largo de toda la canción. En la música Cubana moderna la clave puede, aunque raramente, cambiar de dirección o cruz (clave cruzada). Tenga en cuenta que cruzar la clave es muy raro.

Estos son los dos tipos de son clave.

Ejemplo 4-3 Patrón Clave para el son (2:3)

Tenga en cuenta que sólo una corchea en el lado 3 es diferente en clave guagauncó.

Ejemplo 4-4 Patrón Clave para guaguancó (2:3)

Forma danzón

Para abordar el danzón, del cual hemos hablado antes, mostraré la misma pieza que se toca en el ejemplo de conjunto. El danzón puede comenzar con una introducción de piano o puede ir directamente al tema.

La forma es la siguiente : El tema, entonces un trío, que es la parte del canto, una parte musical en la que los bailarines se toman un descanso, el baile comienza de nuevo cuando se va de nuevo al tema, y luego un montuno, que sería el tema de nuevo.

Por ejemplo, aquí es la parte temática de Las alturas de Simpson.

Ejemplo 4-5 Las alturas del tema Simpson

Esta canción tiene dos puentes, o tríos, que se tocan después del tema. El primer trío que se toca es el siguiente.

Ejemplo 4-6 Las alturas de Simpson trío 1

A continuación, repite el tema, y toca el segundo trío.

Ejemplo 4-7 Las alturas de Simpson trío 2

Cuando termina ese trío, de nuevo vuelve al tema.

Todo esto sonará mucho mejor, si usted es capaz de mejorarlo armónicamente. Por ejemplo esta es la forma tradicional de tocar la canción, y se mantiene en el acorde tónico (I) y (V) dominante.

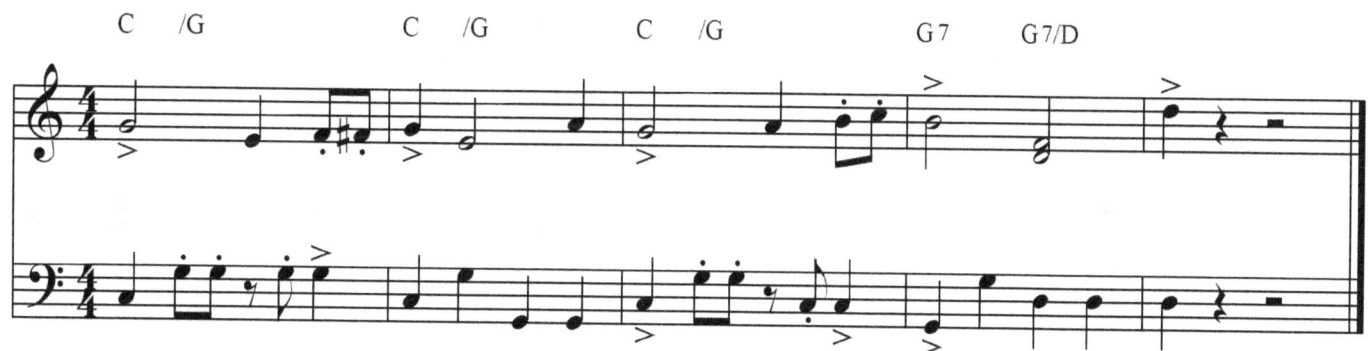

Ejemplo 4-8 Las alturas de Simpson armonía tradicional

Al cambiar la melodía un poco y añadir un poco de movimiento por el uso del paso de acordes, puede obtener una melodía mucho más rica que sonará mucho más moderno en nuestros oídos. He aquí un ejemplo de lo que podría parecer.

Ejemplo 4-9 Armonía moderna Las alturas de Simpson

Danzón montuno

En la versión de conjunto de la canción, se añadió un montuno. El danzón no tenía montunos cuando fue creado, pero llegó a ser común en la década de los 1920 y más tarde para agregar uno. Este iba a amenizar el danzón del, entonces, público contemporáneo, y también para que los músicos tocaran un poco más libremente. Tenga en cuenta sin embargo, que en una función de la sociedad, incluso en los años 1920 y 1930, los músicos probablemente no añadirían esta parte.

Aquí está la parte montuno que se tocó en el conjunto.

Ejemplo 4-10 Las alturas de Simpson montuno

Como puedes ver, la cadencia es similar al son. El danzón es un estilo más antiguo que el son o el son montuno. Es realmente cuestión de opción para añadir la parte montuno.

El bajo tiene menos movimiento durante la reproducción de una parte montuna en el danzón debido a la naturaleza equilibrada de este estilo. El piano también juega un papel montuno muy constante, por lo que no es realmente un son montuno, más bien un montuno danzón!

El ritmo tiene mucho que ver con ello, un son montuno sería un poco más rápido, pero recuerda que hay una relación muy fuerte entre el danzón, el son montuno, y el son.

Ejemplo 4-11 Las alturas de Simpson en el son

Bolero

5

El bolero es una combinación de emociones románticas y, en general, la sofisticación armónica. Pertenece no sólo a Cuba, pero también a muchas de las islas del Caribe.

El bolero Cubano es parte de la familia de la música conocida como la canción Cubana. Esto no debe ser confundido con el son, ya que no son el mismo estilo en absoluto. La familia canción se compone en general de la música que está destinada a ser escuchada, y bailar al son que era una función secundaria. Esto está en contraste con la mayor parte de la música Cubana tocada hoy, donde el objetivo principal es el baile. En Cuba se dice que la música es para los bailarines, y eso es cierto para la mayoría de los estilos Cubanos.

El bolero Cubano evolucionó desde el estilo de canto de los trovadores (trova), y se convirtió en un estilo que hace combinar el baile, y el bolero es bien conocido en toda América Latina. Según Olavo Alén Rodríguez (2000, 2012), "el bolero, junto con el son y la rumba, es uno de los géneros más importantes incorporados en la música salsa."

He aquí un extracto del famoso bolero Cubano, Como Fue escrito por José Antonio Méndez.

Ejemplo 5-1 Extracto de Como Fue

Al igual que en cualquier otro estilo, el pianista tiene que tener un conocimiento armónico de ancho y un gusto musical refinado. El bajo toca de una manera muy firme, por lo general en cuartas o segundas, sólo el apoyo a la estructura armónica de cada acorde. El piano es el que tiene que añadir la variedad armónica.

Otra cosa a entender es que el bolero tiene un vínculo muy fuerte con la balada americana, sobre todo a partir de la primera mitad del siglo 20. He aquí un fragmento de una balada americana muy tradicional.

Ejemplo 5-2 Balada Clásica American

Si tocamos esa misma melodía como un bolero, sonaría como esto.

Ejemplo 5-3 Balada American Clásica tocada como un bolero

Si esa melodía se tocara como swing, iría.

Ejemplo 5-4 Balada clásico americana en estilo de swing

Para llevar este concepto a la inversa, se puede toca "Como Fue" en media vuelta y sonaría como esto.

Ejemplo 5-5 Como Fue en el swing

Lo que estamos haciendo es mezclar el bolero con el jazz. Lo único que tenemos que hacer es cambiar la sensación rítmica.

Si a esto añadimos la percusión, las tumbadoras (congas), y los cambios de graves mientras tocan en cuartas y segundas obtendrá el sonido del bolero clásico. Hay una sensación sentimental asociada con el bolero. Es como tocar un blues lento o una balada romántica. Así es como la parte tumba sería si tocamos contra el ejemplo 1 de nuevo.

Ejemplo 5-6 Como fue con parte tumba

El bolero realizado con el conjunto es un bolero clásico, una joya de la literatura musical cubana llamado Longina.

Este bolero es el siguiente.

Ejemplo 5-7 Longina (fragmento)

Podríamos tocar este mismo bolero como una pieza de jazz latino. Para hacer que suene como el jazz latino le tendríamos que dar un ritmo son más rápido, que se caracteriza por la cáscara en los timbales. Añadiríamos tumbadoras, y el bajo se tocaría con mucho más movimiento, y por lo tanto lograríamos el sentimiento del jazz latino. Sonaría así.

Ejemplo 5-8 Longina en el jazz latino

Mediante el uso de la misma armonía, y sólo cambiando la estructura rítmica, tenemos diferentes versiones y variaciones del mismo bolero. Esto es como Longina sonaría en el estilo swing.

Ejemplo 5-9 Longina en swing

Mambo

6

El mambo y el cha -cha- chá son muy similares, y es parte de la familia Danzón. El mambo, como sus parientes el cha -cha- chá y danzonete, tuvo apartado vocal añadido. El mambo es también único porque no todas las canciones tienen letras en el sentido normal. Muchos mambos sólo eran instrumentales y, a veces habría un coro repitiendo, pero ningún verso real.

El mambo es generalmente un poco más dinámico. No sólo nos deberíamos referir a los mambos de Pérez Prado, sino también a uno de los grandes músicos Cubanos, el difunto Benny Moré. Benny solía mezclar elementos de mambo con diferentes patrones Cubanos en sus propias composiciones y actuaciones.

Aquí hay una progresión de acordes muy típica de una melodía mambo Cubana

Ejemplo 6-1 progresión típico de acordes mambo

La parte del bajo

Si usted recuerda el bajo en el cha -cha- chá sonaría así.

Ejemplo 6-2 Bass line in cha-cha-chá

La misma línea de bajo sonaría como esto si tocara mambo.

Ejemplo 6-3 3 Línea de Bajo en mambo

Clave

La razón por la que el bajo toca este patrón se debe a que la clave en el mambo no es lo misma como la clave del son. Es, básicamente, sólo cuartas. El patrón del bajo surgió para apoyar esta simple clave.

Ejemplo 6-4 Mambo clave

Es importante tener en cuenta que la clave normalmente no se toca en las claves. Por lo general se juega en la campana (cencerro) o la campana cha en los timbales.

Esto es lo que la parte de bajo combinada con lo que iba a tocar el piano en un mambo típico.

Ejemplo 6-5 Parte de piano Mambo con el bajo en la mano izquierda

Patrones Mambo

Normalmente estará tocando con un bajista y no tendría que tocar la parte del bajo con la mano izquierda. En su lugar, se puede tocar algo como esto, y recuerda el cha -cha- chá están estrechamente relacionados, pero esto es mambo.

Ejemplo 6-6 Patrón Mambo 1

Aquí es otra variación que comúnmente se toca.

Ejemplo 6-7 Variación Mambo

Aquí está la variación con la parte de bajo para que pueda ver la síncopa y la interacción con el bajo.

Ejemplo 6-8 Variación Mambo con el bajo en la mano izquierda

También puede cambiar el montuno con los acordes o mezclar y combinar dependiendo del conjunto. Aquí tenemos una posible manera de cambiar los acordes y ritmos para su montuno.

Ejemplo 6-9 Variación Mambo con los acordes

Ejemplo de conjunto

El mambo que se encuentra en el DVD y también está disponible en YouTube, es un buen ejemplo de este estilo. También incorpora elementos de cha-cha-cha y del son. La parte son se añadió al final de la pieza y se utilizó para mostrar la sección de percusión. El montuno en la parte mambo fue así.

Ejemplo 6-10 Montuno para Mambo 2004

He aquí un fragmento de la sección de son que se ha añadido a esta canción.

Ejemplo 6-11 Fragmento Son del Mambo 2

Timba

7

Timba, únicamente una palabra Cubana ingeniosa, es una mezcla de diferentes elementos. No es un estilo muy definido o inmutable y tiene mucho que ver con la creatividad rítmica interna.

El piano funciona con un tumbao, pero el bajo actúa con un patrón diferente, más espontáneo. Frecuentemente, hay otras partes del teclado que realizan una contra-tumbao a la parte del piano. La tumbadora (conga) desempeña un patrón, mientras que la batería toca un contrapunto rítmico a la misma. Cuando todos estos elementos están unidos entre sí, como un gran guisado musical, obtenemos la timba.

Para entender cómo funciona todo esto, vamos a empezar con un 1-4-5 progresión estándar y edificar de allí.

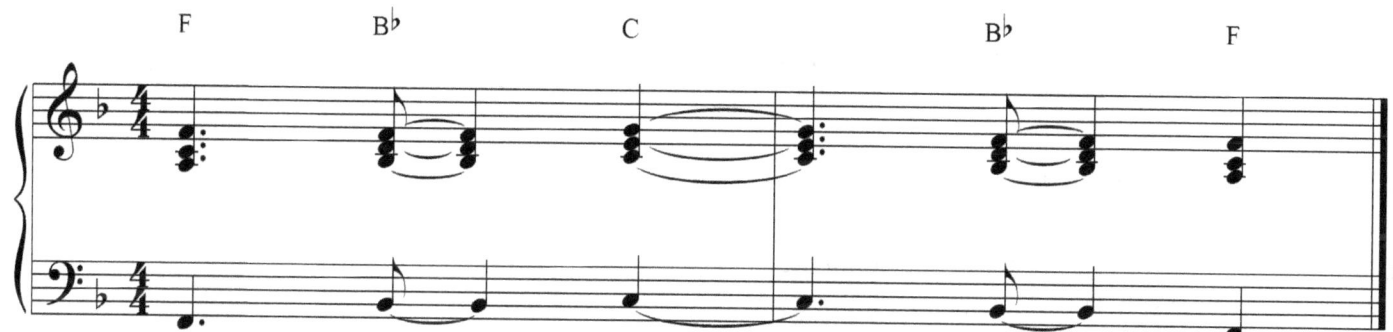

Ejemplo 7-1 (1-4-5) progresión

Si estabas tocando este estilo de son de modo tradicional, el bajo sería algo así.

Ejemplo 7-2 línea de bajo son tradicional

Timba se toca mucho más rápido y más espontáneamente y, tomando las raíces del patrón de son, el bajo representaría un papel mucho más libre y rítmicamente complejo.

Ejemplo 7-3 parte de bajo timba típica

Dado que el bajo no está tocando estrictamente el más estable patrón tradicional de bajo son, la parte de piano también puede tocar mucho más espontáneamente. Todavía podrías tocar un montuno tradicional sobre una parte de bajo timba, pero lo mejor sería aprender interpretar la parte de piano de la manera timba.

Aquí hay otra línea de bajo que podría ser interpretada por el bajista con estas armonías

Ejemplo 7-4 Variación de timba parte del bajo

He aquí un ejemplo de parte timba que se podría interpretar sobre la línea de bajo del ejemplo anterior.

Ejemplo 7-5 Timba parte de piano

Se pueden crear muchas variaciones de este patrón que quedan bien con la parte del bajo. Una variación de este patrón también se podría interpretar así.

Ejemplo 7-6 Variación de timba- la parte de piano

Aquí hay un ejemplo además de lo que el bajista podría tocar.

Ejemplo 7-7 Parte de piano Timba con patrón de bajo

Hay muchas de estas variaciones y todos ellos dependen del nivel de habilidad de los músicos involucrados. En el caso de la timba, probablemente el bajista adquiere el papel más importante, y debe tener muy buen ritmo interno. El bajista es el que aporta las variaciones en el tumbao las cuales, sobre todo, inspiran a los pianistas y a los músicos de tres.

El pianista debe crear tumbaos que no están vinculados a los patrones son más tradicionales y estables. Los tumbaos tienen que ser más agresivos y desafiantes y un pianista debe estar listo, por la duración de la composición, a cambiar esos tumbaos con solamente un momento de aviso previo. Esto es cierto cuando estás interpretando la parte de piano principal o una contraindicación de tumbao o cuando estás emulando al los músicos de tres.

Podrías dejar el montuno algo más sólido, pero no sería tan dinámico mientras la canción perdería algo de su canto. Desde luego, no sería un Timba tradicional, pero a veces, si estás en un concierto por primera vez y no estas al corriente con las tablas, es una manera de mantenerse fuera del camino más difícil y también sonar actual.

Aquí hay algunos ejemplos más para que puedas practicar.

Ejemplo 7-8 Variación de patrón timba

Y otra.

Ejemplo 7-9 Variación 2 del patrón timba

Puedes juntarlos y combinarlos para crear una música vivaz y dinámica. Asegúrate de que toques estas piezas con percusión y con algo de agresividad. Timba es una cuestión de actitud así como una cuestión de técnica. No es un estilo para tímidos obedientes.

Ejemplo de Ensemble

Si tienes la versión en DVD de esta clase los maestros o si estás viéndolo en YouTube, encontraras un canción llamado " Tranquilo. " Esto fue escrito por Jiovanni Cofiño y fue registrado originalmente como un son tradicional. Actualizó el orden para este proyecto y añadió los elementos de timba, bolero y son moderno. Emilio añadió los elementos timba en el piano en la última sección y aquí está un fragmento de lo que interpretó.

Ejemplo 7-10 Fragmento de parte timba tocada en Tranquilo

Si estuvieras interpretando lo mismo que el son moderno, interpretarías algo así

Ejemplo 7-11 Tranquilo como son moderno

El bajo también cambiaría y sonaría así

Ejemplo 7-12 Tranquilo - parte del bajo

Changüi

8

Changüi no se toca tradicionalmente en el piano, sino que se toca por el tres. En un entorno moderno, los elementos de la parte tres a menudo se tocan como un contra- tumbao por un segundo teclado si no hay los tres en el conjunto.

En " Tranquilo ", el interpreto tres agregó una contra tumbao al piano, lo que incorporó changüí. A pesar de que no hay ninguna parte changüí de piano en el ejemplo de conjunto, es sabio escuchar a otros músicos para inspiración.

Changüi es un estilo muy antiguo que proviene de Guantánamo, específicamente de Baracoa; es una fusión de un estilo anterior - Nengón. La diferencia básica es que cuando una instrumentación específica existí en una configuración de ensemble changüí "nació." Una vez que el conjunto está formado por estos 4 instrumentos musicales: Marimbula, Bongo, Tres, Güiro (o Guayo) y un cantante (o más) estás interpretando Changüí y no Nengón.

Por supuesto, esto es una respuesta académica, y la música en Cuba, al igual que en el resto del mundo, ha estado evolucionando y fusionando desde cuando changüí se inventó. La mayoría de los músicos en Cuba averiguarían que changüí es un estilo que tiene el Bongo y el Tres tocando muy rítmico y el Guayo (o Güiro) tocando los golpes de bajo.

Otro problema es que alguien de Guantánamo que toca música "Cubana" a menudo está considerado un Changüicero. Un buen ejemplo de esto es Elio Reve, quien que toca Son con algunos elementos de changüí, pero este estilo de música Cubana es realmente Son Moderno.

También debes tener en cuenta que no existe "clave" en el changüí. Si oyes clave en un contexto moderno realmente es solamente una parte añadida o el changüí se está reproduciendo en un contexto Son.

Como pianista, es importante entender todos estos estilos de música clásica Cubana , ya que son muy importantes cuando se trata de entender las diferentes secciones y estilos en un contexto moderno. Por esa razón, también sugerimos que los pianistas entienden íntegramente las partes de percusión, incluso si nunca se convertirían en un percusionista.

A continuación, hay un patrón representativo de changüí así como sería interpretado por un pianista.

Ejemplo 8-1 patrón típico de changüí piano

El sabor changüí se puede alcanzar al tocar acentos rítmicos específicos con el tumbao del piano o con el contra-tumbao del tres. En el conjunto, el piano estaba interpretando un tumbao son con algunos elementos de timba y, puesto que los ritmos se correspondían entre sí, los tres respondieron con un contratumbao changüí.

He aquí otro ejemplo de una parte de bajo son para practicar.

Ejemplo 8-2 Patrón Changüi con parte del bajo

Recursos 9

Ensembles

Tranquilo: http://e88.me/tranquilo
No Hay Ron: http://e88.me/nohayron
Mambo 2004: http://e88.me/Mambo2004
La Meneito: http://e88.me/meneito
Longina: http://e88.me/longina
Las Alturas de Simpson: http://e88.me/danzon

Y los videos de este libro

https://e88.me/salsablanca

Websites

Salsa Blanca – Muchos más ejemplos de la música Cubana.

www.ingramcontent.com/pod-product-compliance
Lightning Source LLC
Chambersburg PA
CBHW080351170426
43194CB00014B/2747